CONOZCAMOS NUESTRA ECONOMÍA

¿QUÉ SON LOS BIENES Y SERVICIOS?

LAURA LA BELLA

Britannica Educational Publishing
IN ASSOCIATION WITH
ROSEN
EDUCATIONAL SERVICES

Published in 2017 by Britannica Educational Publishing (a trademark of Encyclopædia Britannica, Inc.) in association with The Rosen Publishing Group, Inc.
29 East 21st Street, New York, NY 10010

Distributed exclusively by Rosen Publishing.

To see additional Britannica Educational Publishing titles, go to rosenpublishing.com.

First Edition

Britannica Educational Publishing
J.E. Luebering: Director, Core Reference Group
Mary Rose McCudden: Editor, Britannica Student Encyclopedia

Rosen Publishing
Nathalie Beullens-Maoui: Editorial Director, Spanish
Ana María García: Translator
Heather Moore Niver: Editor
Nelson Sá: Art Director
Brian Garvey: Designer
Cindy Reiman: Photography Manager
Heather Moore Niver: Photo Researcher

Cataloging-in-Publication Data

Names: La Bella, Laura, author.
Title: ¿Qué son los bienes y servicios? / Laura La Bella, translated by Ana Garcia.
Description: First Edition. | New York : Britannica Educational Publishing, 2017. | Series: Conozcamos nuestra economía | Audience: Grades 1-4. | Includes bibliographical references and index.
Identifiers: ISBN 9781508102427 (library bound : alk. paper) | ISBN 9781508102403 (pbk. : alk. paper) | ISBN 9781508102410 (6-pack : alk. paper)
Subjects: LCSH: Consumer goods--Juvenile literature. | Service industries—Juvenile literature. | Economics--Juvenile literature.
Classification: LCC HF1040.7 .L3 2017 | DDC 338.4--dc23

Manufactured in the United States of America

Photo Credits: Cover, interior pages background image Jupiterimages/Pixland/Thinkstock; p. 4 Tyler Olson/Shutterstock.com; p. 5 Irina Papoyan/Shutterstock.com; p. 6 Fuse/Thinkstock; p. 7 Monkey Business Images/Shutterstock.com; pp. 8, 19, 25, 27 Bloomberg/Getty Images; p. 9 Boston Globe/Getty Images; p. 10 hurricanehank/Shutterstock.com; p. 11 © iStockphoto.com/mediaphotos; p. 12 DEA/C. SAPPA/De Agostini/Getty Images; p. 13 © iStockphoto.com/R Koopsman; p. 14 dragunov/Shutterstock.com; p. 15 wavebreakmedia/Shutterstock.com; p. 16 Ian Waldie/Getty Images; p. 17 little Whale/Shutterstock.com; p. 18 © iStockphoto.com/coryz; p. 20 xuanhuongho/Shutterstock.com; p. 21 Joseph Sohm/Shutterstock.com; p. 22 Dusit/Shutterstock.com; p. 23 © IStockphoto.com/WinnebagoPhoto; p. 24 © iStockphoto.com/Catherine Lane; p. 26 el lobo/Shutterstock.com; p. 28 AndreyPopov/iStock/Thinkstock; p. 29 Brian McEntire/iStock/Thinkstock

Contenido

Una visión general

La Economía estudia la parte de la sociedad que crea riqueza. Los economistas estudian cómo se crea la riqueza, cómo se utiliza y cómo se distribuye. La riqueza no es solo dinero. La riqueza proviene de la producción de los bienes y servicios que la gente compra con dinero.

Los bienes

Los bienes pueden incluir alimentos, tales como las palomit y la soda que compramos en el cin

son productos que los **consumidores** compran, como alimentos, ropa, juguetes, muebles, libros o jabón. Algunos bienes se fabrican, como las computadoras y los automóviles. Otros bienes se cultivan, como las frutas y las verduras. Un servicio es una función que alguien hace para otra persona, como dar lecciones de gimnasia, hacer un chequeo médico, repartir el correo, reparar un auto o enseñar. Tanto los bienes como los servicios son producidos por personas o por maquinaria.

Un **consumidor** es una persona que compra y hace uso de los bienes y servicios.

Los servicios son las acciones que una persona hace por un pago, como dar clases de gimnasia.

Los tipos de bienes

Hay dos tipos de bienes: de consumo y de capital. Los bienes de consumo son los productos finales que compran los consumidores, como dentífrico, autos o juguetes. Los bienes de capital son los materiales que se utilizan para producir algunos bienes y servicios.

Considera esto:

¿De dónde provienen tu ropa y tus zapatos? ¿Y los libros que lees o tu juguete favorito?

Los bienes de consumo, incluyendo juguetes y muebles, están en todas partes de nuestra casa.

Las frutas y verduras son bienes que se cultivan y que pueden reabastecerse en cada temporada de cultivo.

El plástico empleado para hacer un juguete, y el metal y las herramientas para fabricar un auto son ejemplos de bienes de capital.

Algunos bienes se cultivan o producen localmente. Por ejemplo, los agricultores pueden cultivar sus campos y distribuir las cosechas en los mercados de su comunidad. Los árboles de un bosque local pueden utilizarse para construir casas. Otros bienes y servicios pueden proceder de otros estados e incluso de otros países.

La producción de los bienes y servicios

Los granjeros usan la tierra para cultivar o criar animales para producir leche y comida.

El proceso de crear bienes o prestar un servicio se conoce como producción. Hay tres factores importantes en la producción:

- **La tierra:** puede referirse a una granja grande, a una fábrica o a un pequeño taller.
- **La mano de obra**: las personas

La tierra se usa para aumentar los recursos naturales, tales como la madera que se usa para construir casas.

que reciben un salario por crear bienes o prestar un servicio.

• **El capital:** son los recursos, como las herramientas, las fábricas y las oficinas donde se producen los bienes y servicios.

Los bienes se **fabrican** o se cultivan. Muchos bienes proceden de recursos naturales, como la madera. A partir de la madera se fabrica el papel, libros, muebles o casas, entre otras cosas. Las personas, o los recursos humanos, son los que proporcionan los servicios.

Fabricar significa producir algo a partir de materias primas.

Los bienes y servicios que se producen en una zona concreta dependen de varios factores. Uno de ellos son los recursos disponibles. Por ejemplo, un país que no tiene petróleo no puede producir gasolina. Sin embargo, un país con un suelo rico puede generar gran variedad de cultivos.

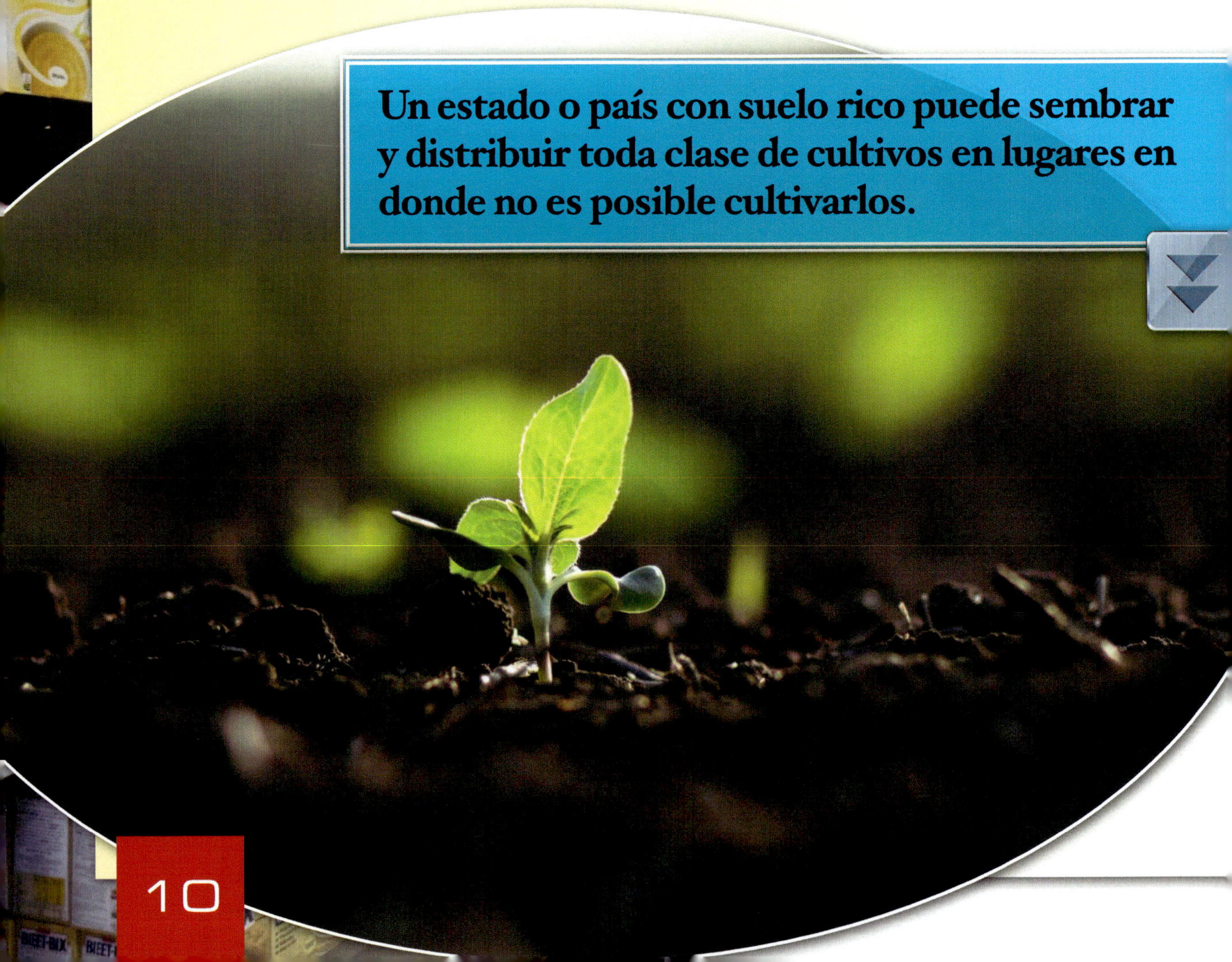

Un estado o país con suelo rico puede sembrar y distribuir toda clase de cultivos en lugares en donde no es posible cultivarlos.

CONSIDERA ESTO:

¿Por qué algunos países solo producen los bienes y servicios que necesitan y otros generan tantos como para distribuir a otras comunidades, estados e incluso países?

Las comunidades también producen bienes y servicios según las necesidades y las destrezas de su gente. Una zona con trabajadores especializados puede elaborar productos utilizando máquinas complicadas.

Los países con trabajadores muy calificados pueden fabricar maquinaria compleja para vendérsela a otros países.

Los recursos naturales

Los recursos naturales son elementos de valor que se obtienen de la naturaleza, como el aire, el agua, las plantas, los animales, las rocas o los minerales. Algunos recursos son renovables, es decir, pueden ser reemplazados o se pueden volver a cultivar. Por ejemplo, las plantas son recursos renovables. Los agricultores siembran nuevos cultivos en cada estación.

Una central energética, en Francia, usa la energía del agua para crear electricidad.

Los bosques no sobreviven si no plantamos nuevos árboles para reemplazar los que hemos cortado para madera.

Los recursos no renovables no pueden reemplazarse o tardan mucho tiempo en conseguirlo. Los combustibles fósiles, como el carbón, el petróleo y el gas natural, son recursos naturales no renovables.

Incluso los recursos renovables deben administrarse con cuidado. La madera es un recurso natural. Pero si no tenemos cuidado con los bosques y utilizamos su madera desmesuradamente, podríamos quedarnos sin ella.

CONSIDERA ESTO:

.os combustibles fósiles e originan en la tierra partir de los restos de lantas y animales. Los ombustibles fósiles tardan nillones y millones de años n formarse. ¿Por qué es nportante proteger estos ecursos naturales?

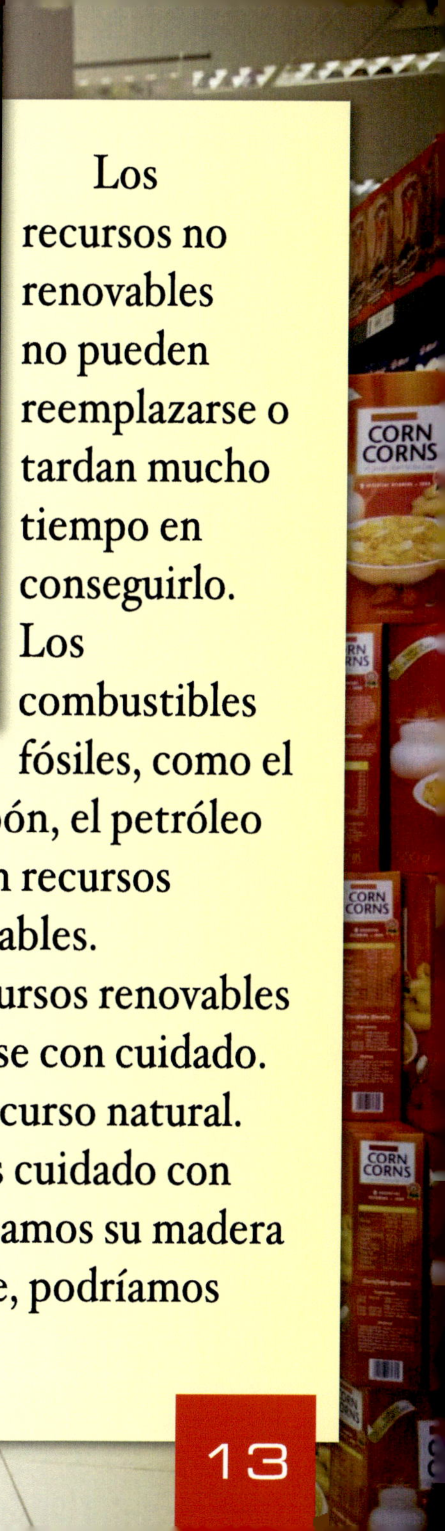

LAS INDUSTRIAS

Una industria es un grupo de negocios que fabrican o venden productos similares,o bien ofrecen servicios similares. Los principales grupos de industrias son: la agricultura, la minería, la industria manufacturera y la de servicios.

La industria agrícola está formada por todo lo relacionado con la agricultura. La industria minera se centra en la extracción de metales y de otros materiales de la tierra. Extraemos metales para fabricar herramientas y otros bienes. La industria manufacturera fabrica cosas. Los fabricantes utilizan recursos como

La demanda de bienes industriales depende por lo general de la demanda de bienes de consumo.

os servicios, incluyendo los abajos en restaurantes y afeterías, son muy importantes ara la economía de los Estados nidos.

metales, madera, acero o tela y los transforman en productos para la venta.

La industria de servicios proporciona servicios a los clientes. Restaurantes y hoteles son ejemplos de este tipo de industria. Los restaurantes proporcionan comida y los hoteles un lugar donde alojarse.

COMPARA Y CONTRASTA

Haz una lista de todos los productos y servicios que se te ocurran. Ahora compara los artículos de la lista. ¿Cuántos pueden agruparse en industrias similares?

LA OFERTA Y LA DEMANDA

El precio de un producto depende de la oferta y la demanda. La oferta es la cantidad de algo disponible para los consumidores. La demanda es la cantidad que quieren los consumidores.

Cuando la demanda de algo es alta y la oferta es baja, los productores suben el precio para ganar más.

Cuando los suministros son bajos y la demanda es alta, los comerciantes suben los precios para ganar más dinero.

Considera esto:

¿Cómo adquieres los bienes y los servicios? ¿Cómo afecta esta elección a las economías locales y globales? ¿Qué ocurre cuando compras artículos procedentes de otros países? ¿Cómo puede afectar esto a los productos que se hacen en Estados Unidos?

Los productores bajan sus precios cuando tienen una gran cantidad de un artículo que no se vende bien.

Esto se da fundamentalmente en artículos fabricados con recursos limitados. La escasez tiene lugar cuando no hay bastantes recursos para satisfacer una necesidad. Cuando hay mucha oferta de un artículo y se vende mal, los productores bajan su precio para estimular a la gente a comprarlo.

La demanda puede ser algo que la gente necesita o algo que la gente quiere. Una necesidad es algo que una persona precisa para sobrevivir. La comida, el agua y un lugar

Compara y contrasta

Mira entre tus cosas y localiza ejemplos de bienes y de servicios. ¿Cuáles de ellos son necesidades y cuáles no? ¿Cuáles son necesarios para sobrevivir y cuáles no?

Nuestra demanda de productos se basa en nuestras necesidades o deseos. Necesitamos albergue, agua y comida para sobrevivir.

donde vivir son necesidades. Una necesidad superflua es algo que te gustaría tener, pero que no es necesario para sobrevivir, como una bicicleta o un videojuego. Podemos vivir sin ellos. Las necesidades esenciales y las superfluas se aplican tanto a los bienes como a los servicios.

Nuestros deseos son cosas que queremos, tales como la última consola de juegos de vídeo o un teléfono inteligente.

La distribución de los bienes y servicios

En una industria, productores y consumidores constituyen el mercado. El mercado es cualquier lugar en el que la gente compra o vende bienes y servicios. El mercado puede ser un lugar físico, como un supermercado o un centro comercial, o un grupo de personas que quiere o necesita el mismo tipo de cosas.

La distribución consiste en repartir un bien o un servicio en el mercado de manera que muchas personas puedan

El mercado nocturno de la ciudad de Dalat, en Vietnam, ofrece diversos bienes.

comprarlo. La distribución puede ser simple o compleja, dependiendo de si el bien o el servicio se distribuye solo en la ciudad o a través del mundo.

Los bienes y los servicios dependen de los sistemas de transporte. Un camión transporta manzanas de una granja a un supermercado cercano. Si esas manzanas van desde Nueva York a California, pueden ser transportadas en trenes, camiones, barcos o aviones a través de una **cadena de suministro.**

Miles de manzanas se llevan a centros de procesamiento para su distribución.

Una **cadena de suministro** es el proceso de hacer llegar un producto o un servicio desde el productor hasta el consumidor

El desarrollo del producto

El desarrollo del producto es el proceso completo de crear y llevar un nuevo producto al mercado. Se desarrollan nuevos productos constantemente.

Vivimos en una economía global, lo que significa que todos los mercados del mundo están conectados. Cuando se desarrolla un producto, cualquiera de sus partes puede proceder de cualquier lugar del mundo

El hecho de que en el producto diga "Hecho en Estados Unidos" no significa que se haya

El desarrollo del producto es el proceso de diseño y creación de nuevos productos.

Muchos productos tienen una etiqueta que indica el lugar de su fabricación.

fabricado en el país. Por ejemplo, un auto puede tener la parte electrónica desarrollada en un país, los neumáticos fabricados en un segundo país y la carrocería en un tercero. La compañía automovilística compra todas estas partes y las ensambla para obtener el producto final.

Considera esto:

En una economía global, ¿de qué manera la contribución de muchos países en la producción de partes ayuda a mantener varias economías?

LA COMPETENCIA

Los productores de bienes o servicios similares compiten entre ellos por los consumidores. Los vendedores ofrecen incentivos para conseguir compradores para sus productos. Estos incentivos pueden incluir ventas y ofertas especiales diseñadas para que los consumidores compren un producto en vez de a otro. Cuantos más productos haya disponibles, más posibilidad de elección tienen los consumidores. La competencia también mantiene los precios bajo control. Una empresa puede poner el precio que quiera a su producto si no hay otras opciones para

Las ventas crean competencia. Los consumidorees comparan precios y compran el producto menos costoso.

Los productos de alta demanda y la lealtad del consumidor a las compañías como Apple pueden ser fuertes elementos de competencia.

el consumidor.

Si un producto es mejor que otro y lo compran muchos consumidores, el fabricante de ese producto podría subir el precio. Esto se da porque el producto tiene mucha demanda. Una empresa que desarrolla un producto competitivo puede bajar su precio para ver si así consigue que la gente compre su producto en vez del otro.

CONSIDERA ESTO:

¿Cómo influye la competencia en la oferta y en la demanda?

El comercio

Compara y contrasta

Compara un país que desempeña un papel importante en el comercio de bienes y servicios con u país que no lo hace. ¿Son diferentes sus economías? una más fuerte que la otra

El comercio es la compra y venta de bienes y servicios. La gente ha comerciado desde épocas prehistóricas. Hoy, la mayor parte de los países participan en el comercio internacional, o a través de fronteras.

El comercio tiene lugar por varios motivos. Un paí

Cada vez que haces una compra, intercambias tu diner arduamente ganado por un bie o servicio.

En los mercados de India se venden diferentes tipos de té. India distribuye su té alrededor del mundo.

puede necesitar o querer bienes de los que ellos no disponen. El país puede no tener la mano de obra o los recursos necesarios para fabricarlos por sí mismo. Un país también puede comerciar servicios cuando no tiene el tiempo o las destrezas necesarias para proporcionar esos servicios.

Tanto la gente como los países quieren comerciar para beneficiarse. Las familias quieren ganar más dinero del que gastan en bienes y servicios. Los países tratan de vender, o exportar, tanto como compran, o importan, de otros países.

Impulsando la economía mundial

Los bienes y servicios impulsan las economías en el mundo entero. Proporcionan empleos, que a su vez proporcionan ingresos a las familias. Las familias, por su parte, usan el dinero para comprar los bienes y servicios que necesitan y quieren. Este **ciclo** mantiene fuerte la economía de un país.

No todos los países tienen la mano de obra y los materiales necesarios para producir

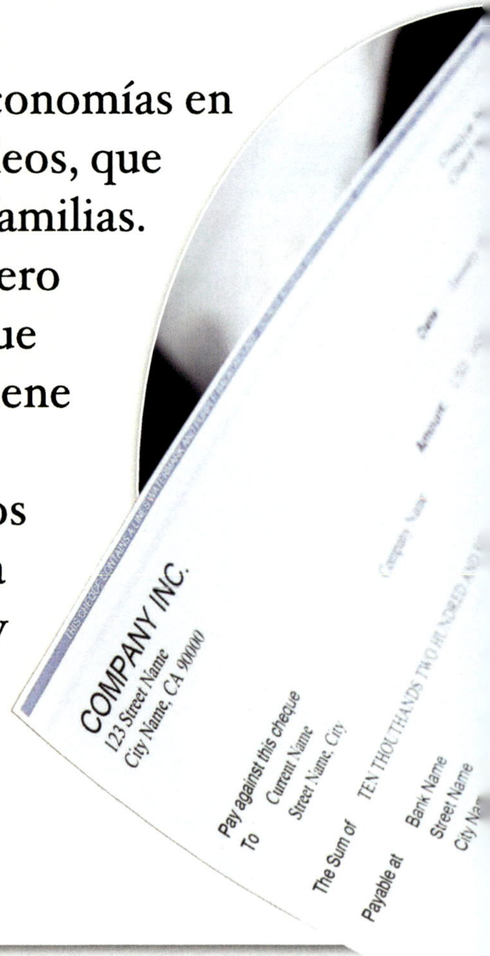

Un ciclo es una serie de acontecimientos que se repiten regularmente.

Los bienes y servicios crean riqueza, lo que significa que las personas pueden hacer y comprar más cosas.

los bienes y servicios que necesitan y desean. Esto conlleva al comercio. La economía global depende del comercio, que facilita bienes y servicios a aquellos que los necesitan, pero que no pueden generarlos en sus propios países.

Bienes y servicios ayudan a crear riqueza, tanto a las personas como a los países. Un país con una economía fuerte siempre tiene más que ofrecer a sus ciudadanos.

En la mayoría de los trabajos, las personas crean productos u ofrecen servicios. A cambio, reciben un sueldo.

Glosario

beneficio dinero que viene de la venta de un bien o de un servicio.

cliente persona que compra un bien o un servicio.

destreza poseer un talento o capacidad.

distribuir dividir entre varios o muchos.

economista persona que estudia la economía.

ensamblar juntar las partes que componen una máquina, una estructura o parte de ella.

escasez no tener suficiente de una cosa.

exportación llevar o enviar al extranjero, sobre todo para vender en otro país.

gobierno federal el gobierno de un país.

importación traer bienes de otro país, generalmente para la venta.

impuesto dinero que recaudan los gobiernos de las personas que viven en una ciudad, estado o país.

internacional algo en lo que están implicados dos o más países.

mano de obra personas que realizan un servicio a cambio de un salario o paga.

mercado encuentro de personas para comprar y vender bienes o servicios.

producción acto o proceso de crear un bien o un servicio.

público abierto o compartido por todos.

recurso natural elemento que se encuentra en la naturaleza (como un mineral, la fuente de energía hidráulica o un bosque) que es valioso para el ser humano.

riqueza gran cantidad de dinero o bienes.

Para más información

Libros

Balconi, Michelle A. and Dr. Arthur Laffer. Let's Chat About Economics!: Basic Principles Through Everyday Scenarios. New York, NY: Gichigami Press, Inc., 2014.

Furgang, Kathy. National Geographic Kids Everything Money. Washington, DC: National Geographic Children's Books, 2013.

Larson, Jennifer S. Do I Need it? Or Do I Want It?: Making Budget Choices. Minneapolis, MN: Lerner Publishing Group, 2010.

Larson, Jennifer S. Who's Buying? Who's Selling?: Understanding Consumers and Producers. Minneapolis, MN: Lerner Publishing Group, 2010.

Strazzabosco, John. How Spending and Saving Affect You. New York, NY: Rosen Publishing Group, 2012.

Sitios de Internet

Debido a que los enlaces de Internet cambian a menudo, Rosen Publishing ha creado una lista de los sitios de Internet que tratan sobre el tema de este libro. Este sitio se actualiza con regularidad. Por favor, usa este enlace para ver la lista:

http://www.rosenlinks.com/ LFO/supp

ÍNDICE